TRAVEL POEMS:

Portugal

TRAVEL POEMS:

PORTUGAL

KAREN CLAVELLE

Illustrations by Ann Stinner
Translation by Lívia Penedo Jacob

AT BAY press

Winnipeg

Travel Poems: Portugal

Design and layout by Lucas c Pauls and M. C. Joudrey.

Published by At Bay Press February 2025.

Library and Archives Canada cataloguing in publication is available upon request.

ISBN 978-1-998779-57-4

Printed and bound in Canada.

This book is printed on acid free paper that is 100% recycled ancient forest friendly (100% post-consumer recycled).

MIX
Paper | Supporting responsible forestry
FSC® C016245

First Edition

10 9 8 7 6 5 4 3 2 1

atbaypress.com

Canada Council for the Arts | Conseil des arts du Canada

We acknowledge the support of the Canada Council for the Arts.

Manitoba Arts Council | Conseil des arts du Manitoba

With the generous support of the Manitoba Arts Council.

For Vic

· Tired Shopper ·

"Songs to My Portuguese"
Vila Nova da Baronia

i

in stealthdark   warm dayslept cats
scavenge for fish and chicken
bones through dogbarking zigzagging radii
ruas converging at the *Igreja Matriz*
shining white on brilliant blue-by-daysky
crenellatecorners gesturing into satellitestardark
where planes flash red streak cloudgauzed milky way

"Minhas Canções Para Portugal"
Vila Nova da Baronia

i

no lusco-fusco   gatos recém-despertos
vasculham por ossos de peixes e frangos
atravessando latidos ziguezaguendo raios
ruas a convergir na *Igreja Matriz*
brilhando alvas sob a pele azul do céu
esquinas-ameiadas acenam para o
satélite-escuro-estelar
onde aviões desfilam finas nuvens rubro-galácticas

· *Roman Bridge/Vineyard* ·

ii

barks fly through narrow bars, rustedswinggates,
escape greenaccordionsliders, crumblingstone walls,
gaping garage doors, pagewire fencegrid —
announce each passing in turn to the next:
yowk, yowk *— lissen up! footsteps your side*
yowkyowk*, there's two this time,* ***yowk****,*
hold on...
strange footfall there, English,
maybe Canada

ba-woofff   ***wooffft-tt-t***
damned rope ***ba-woofffff***
Over to you, Ché

barrrk-ba-barkkkbarkbarkbarkbark
barkkkbabarkbarkbarkbark
yowk youk-yowk ***yowk-yowk***   *Pedro!*
we got Manuel on the way down
yowkyoukyowk yowk-yowk
keep an eye on them in the guesthouse...

ii

latidos vários sobrevoam latas enferrujadas
portõestreitos, deslizam
por entre verdesvenezianas muralhas em ruínas,
abrem garagens vedadas a arame farpado -
anunciando cada transeunte:
toclof, toclof – *oiçam! passos aproximam-se*
tocloftoclof, *há dois agora*, **toclof**, *esperem...*
pegadas estranhas ali, inglesas, se calhar canadianas

cã-oooUuu ***cãoUuuu-au-au***

coleira maldita ***gr-aaauuuuu***
É a tua vez, Ché

auuuuau-au-auauauauauauaau
auuuauuuauauauauauau
toclof toclof-toclof **toclof-toclof** *Pedro!*
achámos o Manuel na descida
tocloftoclof toclof-toclof
fiquem na hospedaria, olho neles, companheiros...

yip yip yipyip, yi-i-i-i
you never know. Okay, already!
byamyamymyamyambzzzortttt, ba-wooffff
***ba-wooffff** — motorcycle at the corner.*
Nah. ***byammyamyamyam***
scooter ***bzzzzzzzz,bzmzzzzzzzzz,***
bzmzzzzzzzzzzzzzz, *Missed him...zzzzzzzzzzxxz*

caim caim *caimcaim, ai-ai*

a gente nunca sabe. Certo, *pronto!*

vrumvrumvrumvrumvruuummm, aa-uuuuuu

au-uuuuuu – *a moto lá na esquina.*
Bah. **vrumvrumvraaaum**
lambreta **bretzzzzz, brzzzzzzzzzzzz,**
bzzzzzzzzzzzzz, Foi-se… zzzzzzzzz.

· *Sheep and a Church* ·

iii

swallows call-in the night at *Igreja Matriz,*
in the *Praça* named Francisco Fialho,
swoopandleafrustle greenripe lemontrees at dusk,
swoopanddive, draw fleet lines thin on the wing,
compete with schoolboys' tinsoundcall to worship,
their voices long gone to grandfathers' graves—

swallows fallsilent at nine bells   linger
    only a few, where the row of nests mudline
starkflatwhitebeneath three-century eaves

iii

andorinhas anunciam a noite sobre a *Igreja Matriz,*
na *Praça* chamada Francisco Fialho,
arrebatam-em-arrebentos o farfalhar das folhas
verdemaduras dos limoeiros,
arrebatam em voos-mergulhos, marulhos
desenhados nas asas,
competem com arrulhos de colegiais indo à missa,
cujas vozes ecoam até os túmulos dos avós -

anunciam o silêncio às nove badaladas tardam,
    umas tantas, no ninho de fios-de-lama
branco-pleno e plano sob os beirais ancestrais

· *Dog and House* ·

iv

at the *Casa da povo*, the *Tarde de Outono*
opens *á capella*, traditional *coral foclórico*
from Torrão and Peroguarda
    Ranchos folclóricos of *alto Alentejo* song
cede to squeezebox and drum dancing
boleroedcowboys, vested, waistwrappedlean
and floralscarfed roundhatted women pull on
shirtsleeves to apron young and old for work they
tell in the dance

    in walnut tree shade and afternoon heat
    Vitor e Vitória fire the spit,
    honour ceremonial, the boar snout-to-thigh
    with oleolaurel leafwhisk caress
    warmfragrant rosemary, oregano, mint

iv

na *Casa do povo*, a *Tarde de Outono*
abre, à capela, seu tradicional coro *folclórico*
de Torrão a Peroguarda
Ranchos folclóricos do *Alto Alentejo*
cedem lugar ao acordeão e à pandeireta, embalados
pelos sonsdassaias, moços encoletados, acinturadas
damas donas-de-seus-chapéus, as mangas arregaçadas,
regaços de finos lenços-florais pra crianças e velhos
dispostos à dança

sob a soalheira sombreada de uma nogueira
Vítor e Vitória inflamam em suores
a sagrada pira aldeã, onde o javali jaz-ali
acalantos de óleo de louro
cálido alecrim perfumado, orégano, hortelã

· *Folkloric Dancer* ·

V

in strongbright sun, once palatial 43 still stands firm
in 2019 bastion against cats and swallows' intrusions
through boarded windows
  i sketch from sunwarm marble steps erstwhile entrance
to the Town Hall, its *raison d-être* removed,
Vila Nova da Baronia's country seat,
late of 1836, to Alvito

V

sob o forte sol luzente, o outrora palaciano
43 segue impávido em 2019 bastião
contra bárbaras invasões de gatos e andorinhas
graças às portas entalhadas em retalhos,
janelas defenestradas
apanho um papel e desenho degraus de
mármorescaldado a entrada principal da
Câmara Municipal, sua *raison d-être* removida
Junta de Freguesia de Vila Nova da Baronia,
fins de 1836, para Alvito

• *Pilgram/Hiker* •

vi

after the rain, *formigas* in legion, shinyblack ants,
some winged some not come down
to the earth   to get out   of the rain
boom-boom-boom-boom, boom-boom boom...
    come down from the roofs,
throw themselves *thunk* onto the *calçadas* underfoot,
punctuate the *ruas*, roll and curl in on themselves,
commas, full stops, asterisks crashlanding in my hair,
pthump, on my shoulders, *pthunk* on the stone steps,
bustle and circle the *Praça General Teófilo da Trinidade*

vi

depois da chuva, legiões de *formigas* pretas,
algumas aladas outras não se esgueiram
na terra   a fugir   da enxurrada
bum-bum-bum-bum, bum-bum bum...
    descem dos telhados,
atiram-se batuque nas calçadas sob os pés
a pontilhar ruas, arrolam-se e enrolam-se,
em vírgulas, asteriscos, aterrissam ariscas em meus
cabelos, batecum, nos ombros,
batecumcum nos degraus de pedra, arruaça e rodeios
na *Praça General Téofilo da Trinidade*

i maunder past heatsilent barkers and afternoon cats,
mousepaws tucked under them in sleep, step through
formigas first *festiva* after seven-month drought,
note their slowdown as their day of descent wears on

eu imagino antigos calores silentes latidos
gatos vespertinos,
patas de ratos a cutucá-las adormecidas,
a avançar sobre
as *formigas* enfim *festivas* após sete meses de seca,
percebe como desaceleram conforme
o dia da travessia passa

· *Red Bike with Lemons* ·

vii

sunrise this day comes in, mistgreyedwhite against the
Igreja do Senhor dos Passos, Church
of the Lord of the Steps
originalmente à Misericordia, adossada — addorsed —
the guide says in English, back-to-back
with the order of brotherhood...*belonged to the Mercy*

the brothers long gone, the *Igreja* stands watch now,
um Monumento, over the village, over my own
Senhor dos Passos flying Canada's flag,
flag pins in pocket, walking sticks in hand —
peregrino himself — on ancient paths of pilgrimage,
past the *hortas,* vineyards, stands of olive trees
steady, gnarledagethick, spotted, waterstarved,
dropping fruit ripening green to purpleblack
in bonedry mid-October sunshine   *my* pilgrim
   passing cork trees pared of nine-years' growth

vii

nasce em alvorada esse dia, neblina parda sobre
a Igreja do Senhor dos Passos,
originalmente adossada, o guia diz em inglês,
à casa de despacho da irmandade...
outrora Igreja da Misericórdia

as irmandades há muito partidas, a *Igreja* paira
agora, um *Monumento,* sobre a aldeia, sobre o meu
Senhor dos Passos alado lábaro canadiano,
a portar pins de bandeiras no bolso,
cajados a postos – ele, o *peregrino* –
desliza por ancestrais estradas,
cruza *hortas,* vinícolas, olivais onde para
a admirar nós e nódoas de árvores ramudas,
sedentas d'água, pendendo frutas preto-púrpuras
no pôr-do-sol agreste de outubro *meu* peregrino
atravessa os sobreiros cortiça pura desnuda há

drying figs, laurels and lemons, limes, prickly pears,
pomegranates'burstecstaticgems

my pilgrim walking the hours to Alvito,
to Viana, walking his own *Caminho*
over footsteps' centuries from the Alentejo
toward the shrine near Finisterre,
as Santiago de Compostela finds him here

nove anos vê em bagaços os figos do
dia-bo louro lima-limão enquanto
uma romã explode em mil-pedaços-granada

meu peregrino trilhando as horas até Alvito,
até Viana, trilhando *o seu Caminho*
por séculos de andanças no Alentejo
rumo ao santuário próximo à Finisterra,
onde Santiago de Compostela enfim o alcança.

· Swallows ·

viii

mist erases the road to the *Poço Marçal* and
the Roman bridge where i first missed *Sant'Águeda*
despite the signs to show where all roads lead
  erases too, the distant hills, droughtgreengonewhite
(where eyes schooled in other whites insist *snow*
— even in the dry Alentejo grassland)
  opaques the road to the cemetery, where, in search of
Sant'Ág'da, i stumbled on the *Ermida of Santo António*,
  erases too, another road with promise...
shows the way of the *Milk Pilgrimage* to honour
Sant'Ág'da (my Agatha of gallery wall in Edinburgh)
martyred, beatified for giving up breasts and life,
                                        but not her faith

viii

nevoeiro apaga a estrada que leva ao *Poço Marçal* e
à ponte romana onde eu primeiro perdi *Sant'Águeda*
não obstante os sinais apontarem pra onde todos
os caminhos levam
    nevoeiro apaga as distantes colinas de verde-
seco-virado-branco
(sobre as quais olhos treinados noutras alvuras
insistem em ver *neve*
- até sobre os áridos campos do Alentejo)
    nevoeiro apaga a entrada do cemitério, onde,
em busca por *Sant'Águeda,*
tropecei na *Ermida de Santo António,*
    apaga, também, um caminho de promessas...
revelando a *Via Láctea* em honra à *Sant'Águeda*
(a Agatha que vi certa vez num
museu em Edimburgo), martirizada,
beatificada por ceder os seios e a vida,
                                        mas não a sua fé

ix

in *Ermida Sant'Ág'da* search-cum-quest
i miss the pilgrim sign, walk the edge of the village,
repeat my *Bom dias* and finally ask,
Onde esta...? and in the shop, Catarina
looks into her crystal Google
 Aqui, she says, *You go toward Odievelas. Look.*
 Here. Lavadorios, the *tanques, you keep going...*

and, on the wooden arrows,
a walker, staff in hand, points the way and back

Vila Nova da Baronia
Oct. 20, 2019

ix

na *Ermida de Sant' Águeda* numa busca-in-loco
perco as pistas, ando à beira da aldeia,
a repetir meus *bons dias* para enfim perguntar,
Onde está...? e no rés-do-chão, a lojista Catarina
logo consulta o Google em seu ecrã
    Aqui, ela diz, *vá em direção a Odivelas. Olha.*
    Aqui. Lavatórios, os tanques, siga em frente...

e, nas flechas de madeira,
um caminhante, o cajado à mão, aponta a ida e a
vinda

Vila Nova da Baronia
20 de Outubro de 2019

Karen Clavelle's long poem *IOLAIRE* (Turnstone Press) won the John Hirsch Award for Most Promising Writer (2018) and was short-listed for other awards. Her publications include: *The Seasons, The Mother Goose Letters,* and the travel poems, *Songs to My Portuguese/Minhas Canções Para Portugal.* Champion of prairie writing, Karen lives and writes in Winnipeg.

Lívia Penedo Jacob is an English-to-Portuguese translator. She was born in Brazil where she received her PhD in Comparative Literature from Universidade do Estado do Rio de Janeiro, after living for a period in Winnipeg. In addition to translation, Lívia teaches Brazilian and Portuguese literature for students of several levels and writes poems, short stories, essays for Brazilian magazine Suplemento Araçá.